PANISKEN
SINN- UND UNSINN-GEDICHTE

MALTE DOBBERTIN

PANISKEN

SINN- UND UNSINN-GEDICHTE

ILLUSTRATIONEN

ERNST B. PFLÜGER

SPEER VERLAG, ZÜRICH

Auflage 2000
ISBN 3 85916 162 8

Mit dieser Auflage
sind auch folgende Anfertigungen
hergestellt worden:

20 Exemplare nummeriert von 1–20
jedes mit einer Kassette mit 16 Lithographien
von je 40 Originalsteindrucken
Format: Blatt ca. 25 cm × 32 cm, Bild 10 cm × 10 cm
abgezogen auf der Handpresse der Fa. Limmatdruck AG,
CH-Spreitenbach
alle Blätter handsigniert und nummeriert

320 Exemplare nummeriert von 21–340
jedes mit 1 Originalsteindruck
von je 40 Abzügen, Format ca. 25 cm × 32 cm
handsigniert und nummeriert

und
einige Exemplare die nicht für den Handel bestimmt sind
gekennzeichnet: a H

Auftakt

Wenn dir hinterm Buchenstamme
Hier im Wald der Epigramme
Die Panisken nun erscheinen:
Spiel ein wenig mit den Kleinen.
Wird dir ihre Tollheit frommen?
Schöne Leserin: willkommen
Hier im Wald der Epigramme.

Wachstum

Wachstum müßt ihr Knaben haben,
Wachstum, Wachstum bis zum Hals.
Nur viel Wachstum kann euch laben,
Wachstum ist des Lebens Schmalz.

Brutto, netto, in Prozenten,
Umsatz, Cash-flow und Gewinn . . .
Alles sonst: Fisimatenten,
Ohne Wachstum hat's kein' Sinn.

Wachsen soll die kleine Erde,
Bis sie ganz den Weltraum füllt
Und mit mächtiger Gebärde:
„Ätsch, ich bin am größten!“ brüllt.

Weltanschauung

Ein riesiges Büro ist heutzutag die Welt.
Und wir? Was ist mit uns? – Nun, wir sind angestellt.

Einstellungen

Bitterlich weint Heraklit, erkennend die menschliche Dummheit;
Über denselben Befund hat Demokrit nur gelacht.

Epikureisch

„Spurlos leben", behaglich; doch keine Eremitage.
    Freunde gehörten dazu. Waren Hetären zu Gast,
Hieß es schön erwägen, wie weit das Gewittern der Triebe
    Fromme, ob Meiden vielleicht etwas bekömmlicher sei.
Denn: geschwelgt wurde nicht, und Luxus galt als entbehrlich:
    Käse, ein kleiner Wein langten zum klugen Gelag.
Frei von albernem Wahn und aufgeräumt saß man im Garten.
    Dankbar einer Diät, die vor Verwirrung bewahrt.

Wertewandel

Geld zu äufnen verhieß unseren Vorvätern
Überirdische Gunst; Arbeit im Dienste des
Protestantischen Gottes
Hielt vom Sündenpfuhl sie entfernt.

Tugend schaffte Kredit, Frömmigkeit guten Ruf:
Und mit mönchischem Fleiß wurde das umgemünzt
Und mit schlechtem Gewissen,
Nichts verschwendend an diese Welt.

Ach Du guter Trimalch! Hättest Du *das* gesehn:
Kein geselliger Prunk, keine Kapaune, ja
Nicht ein Tropfen Falerner,
Ganz zu schweigen von Venere.

Samba

Erhabne Freude am Verschwenden,
Dem Sparer ein Skandal und Graus:
Der schont gewißlich seiner Lenden,
Die Lust wandelt durchs Treppenhaus.

Samba der Gaukler und Vaganten,
Der Spieler, Magier, Artisten,
Und aller andern Unbekannten,
Die anmutig ihr Leben fristen:

Lebt hoch, ihr herzlich Unschuldsvollen:
Zeigt doch manch Obduktionsbefund:
Die Unschuld stirbt am Haben-Wollen,
Das Herz geht am Besitz zugrund.

Der Manager im Orkus

Ein Manager hat sich sein ganzes Leben
Lang abgeplagt im Neonlicht-Büro;
Noch als der Tod ihn pflückte, war er eben
Beschäftigt mit der Akte Soundso.
Nun kniet er pünktlich vor Plutonis Szepter
Mitsamt den Akten, die so brav geschleppt er.

– Gib, bitte, mir noch eine kleine Chance,
Beschwört er bang den Chef der Schattenwelt,
– Ich will auch dafür sorgen, daß die ganze
Bilanz der Konkurrenz zusammenfällt.
Herr Hades kann ein Lächeln nicht verkneifen:
Die arme Seele hier trägt Nadelstreifen.

– Ich frage mich, du emsiger Geselle,
Nachdem du deine Tage wie im Grab
Gefristet hast: Was soll denn dir die Helle
Der Lebenden? – und leuchtet mit dem Stab
Behaglich in das Totenreich, das grause:
– Es wird dir hier gefallen wie zu Hause.

An einen Nachzügler

Wer heute gelten will, der muß in Eile sein.
Der Nichtsnutz habe Zeit: Zeit hat nur er allein.
Nur er darf morgens früh im Himmel liegen bleiben,
Nur er darf Veneri lange Episteln schreiben,
Nur er darf auf dem Klo gemütlich Zeitung lesen –
Kurzum – er darf und darf. Jedoch auf seine Spesen.
Du aber, hoffe ich, bist mir kein Tunichtgut,
Den unsre Zeit verschmäht, präzis und resolut.
Ich hoffe wirklich sehr, du machst dem Leben Ehre:
Ich sage es ganz klar: Ich hoff', du machst Karriere.

Später Sport

Wenn ich artig promeniere
Und mit würdigen Fermaten
Wandle, schlendere, flaniere;
Absichtslos, gefaßt, besonnen
Mich im Park oder am Waldrand
Oder auch am Fluß ergehe,
Ohne mich zu echauffieren
(Steigst nicht zweimal in denselben):
– – – Kommt in bunter Strampelhose,
Seinem Alter Schnippchen schlagend
Und die unbedachten Glieder
Wie ein Harlekin verhaspelnd,
Einer jener Spät-Athleten,
Luft erheischend, ernst, gelaufen.

Na, du winterlicher Sprinter,
Flinkebein und Sankt Spudaios:
Wirst vor Emsigkeit und STREBEN
Selbst beim STERBEN noch dich sputen.

Television

Sobald das fade Tagwerk ward erledigt,
Die Kleinfamilie zum Fernsehn kriecht.
Da lagert sie: zyklopisch und beschädigt,
Und Vater, Mutter, Kind – ein jedes siecht.

Einladung zum Frühlingsfest

nach Horaz, Oden IV, 12

Der Zephyros besänftigt schon die See,
Die wütend doch gebraust um alle Riffe,
Und treibt gelind zu neuer Fahrt die Schiffe;
Nicht länger schwillt der Fluß von Winterschnee.

Die Schwalbe baut ihr Nest, beklagend, wieder,
Daß sie des Königs Untat arg vergalt;
Im zarten Gras flöten die Hirten bald,
Den Herden-Gott ergötzend, ihre Lieder.

Auch Durst bringt diese Jahreszeit zur Blüte,
Doch willst du dich an meinem Wein berauschen,
So mußt du ihn, Vergil, um Narde tauschen.

Ein Büchslein nur – der Krug steht schon bereit,
Drum eile her: Nicht stets Geschäfte brüte:
Herumalbern tut wohl zu seiner Zeit.

Wenn ich nicht trinke

Wenn ich nicht trinke, bin ich bös und schüchtern
Und fühle mich nicht weise, sondern schlecht.
In einer Welt, die häßlich, wenn man nüchtern,
Ist Trinken doch das schönste Menschenrecht.

Was kümmert meinen Schädel jener Hammer
Am Morgen, da der allerjüngste Tag
Hereinbricht mit Durchfall und Katzenjammer:
Das will ich gern erdulden ohne Klag'.

Lasciate ogni speranza, voi ch'entrate –
Das sollte nicht am Tor der Hölle stehen,
Sondern der Welt, daß man ihr gleich entrate.

Denn Angst belagert uns mit Alb-Armeen,
Und nur der Wein verbannt sie aus dem Staate:
Er oder sie. Oder zugrunde gehen.

Wanderlust

Ein Flugzeug plumpst wie Fallobst aus dem Himmel,
Nix helfen da grazile Stewardessen.
Ins Billigland flog man mit prallem Pimmel,
Nun findet man den Preis nicht angemessen.

Ein Kreuzschiff ist ein schwimmendes Gefängnis,
Das untergeht in distinguierter Panik.
Im Zuchthaus trägt man leichter sein Verhängnis,
Als an der Bar der vornehmsten Titanic.

Im Bus beginnt verheißungsvolles Glotzen,
Das Haupt will sich in wildem Grame schütteln.
Allmählich fängt man höflich an zu kotzen,
Beflügelt von dem ungestümen Rütteln.

Im Auto sitzt man gut, doch in der Falle,
Besonders, wenn gelehrte Leute lenken.
Entgegen rast man dem Zusammenpralle
Und muß an seinen Letzten Willen denken.

Im Zuge kann in einem Zug man lesen
Und zart am Gegenüber sich begeilen,
Doch wär' es nicht das erste Mal gewesen,
Daß Fahrgäste sich endgültig verkeilen.

Wer reisen will, der nehme sich die Muße,

Behaglich zu spazieren durch die Auen;
Und bist du matt und nicht so gut zu Fuße,
Magst du dich klugen Tieren anvertrauen.

Vom Wein

Der Wein macht die Gedanken lose,
Doch lockert er dir auch die Hose.
Drum: Hast du seine Macht verspürt,
Bleib überall gut zugeschnürt.

Vom Whisky

Der Whisky kräftigt alle Glieder,
Doch lähmt er just das eine Glied.
Beim Weibe liegt ein Invalider,
Ein Schnarchender und Störenfried.

Frühmorgens

Frühmorgens, wenn wir trunken und betrunken
Lustwandeln in bacchantischer Umnachtung,
Begegnen uns die zielstrebigen Unken
Mit Aktenkoffern, Socken und Verachtung.

Seid uns gegrüßt! – – und jeden Morgen wieder
Bleibt kleben auf dem fetten Haupt der Hut:
Das rechnet vor sich hin verkappt und bieder
Und schreitet fort in abgeklärter Wut.

Bacchanalien

Da Bacchus ruft, versinken wir im Hain
Und tanzen: bald geschmeidig, bald erhaben,
Mänaden wir, Panisken oder Knaben –
Dahinrauschend verblendet uns der Wein.

Erglühend in der Hügelrunde Schein
Bewohnen wir des wirren Gottes Waben
Und lernen, uns gedankenlos zu laben,
Verfallen jenem aufgelösten Sein.

Auf einmal fliegt ein inniges Gestatten
Die Tänzer an, die lange sich geschont,
Und endlich überflutet Schlaf die Satten.

Doch Bacchus, der mit roter Nase thront,
Ermuntert seine Jünger: – Nicht ermatten,
Denn Übermut wird wollüstig belohnt!

Mondsucht

Der Mond hat uns Begeisterung verliehen:
Wir trinken zu den Sternen uns empor,
Wir brausen voller Lust durch Galaxien,
Und mancher stürzt hinab als Meteor.

Vom Postboten aus dem Schlaf geklingelt

Der Morgen kommt. Mir tritt er in den Hintern,
Mich aufscheuchend aus liederlichem Schlaf.
Ich wollte gern ein wenig überwintern,
Nun frier' ich wie ein frisch tonsiertes Schaf.

Sie unglückseliger Bote, den der Morgen
Mir hat gesandt mit unglückseliger Post:
Nicht Sie sind schuld, daß nur das Wörtchen „Sorgen"
Sich reimen will auf diesen Seelenfrost.

Was kann uns beide morgendlich erquicken?
Ein guter Schluck? So treten Sie herein!
Man muß sich, sanft verzagend, darein schicken:
Der Morgen kommt. Wir kommen ihm mit Wein.

Rechnungen

Man schreibt mir immerzu. Vielleicht ein gutes Wort?
Es ist nur eine Zahl, die heißen soll: Sofort.

Trägheit

Wir haben viel gelacht und viel getrunken –
Behäbig liegen wir am Ufer
Und atmen kaum und sind genug.

Vorbei segelt ein Bild – es mag entgleiten,
Auch wär' es einzufangen schade:
Allein das Flüchtige verlockt.

An meine LeserInnen

Petronius 132

Ihr wollt mich krauser Stirn, wie Cato streng, belangen
Für dieses neue Werk, weil es so unbefangen?
Nun: Anmut, ganz naiv und unverdrossen, lacht:
Ich sage rundheraus, was jedermann so macht.
Denn wem ist Beischlaf, wem die Venus nicht bekannt?
Wem sind im warmen Bett die Glieder nie entbrannt?
Selbst Epikur befahl: Obliegt dem Liebesspiel!
Der Wahrheit Vater fand, dies sei das Lebensziel.

Hic et nunc

Was hätte ich davon, wenn nach ein paar Jahrhunderten
Die Leute mich als Genius bewunderten?
Viel lieber ist mir, wenn sich hier und jetzt
Iolanthe auf den Priapus mir setzt.

Übermut

Komm mein Kindel, laß uns kindeln,
Da wir noch nicht älteln müssen,
Neugeboren, frisch, in Windeln
Uns liebkosen, kitzeln, küssen.

Von dem Moor-Aal streng mißbilligt,
Dennoch schwimmend in Entzücken,
Haben wir uns Lust bewilligt
Bäuchlings, stehend, auf dem Rücken.

Mag's die Leute auch empören:
Bleiben unbeirrt dabei,
Unsre Sinne zu erhören –
Heute sind wir vögelfrei.

Das Bilderbuch

nach Priapea 4

Ein sehr gewagtes Bilderbuch
Schenkt sie mir heut und sagt: Versuch,
Ob zu den Stellungen der Ärsche,
Wie du sie ausgemalt hier siehst,
Ich nicht den Text beherrsche!

Das Geländer

Wir lehnten am Geländer,
Ein zahmes Liebespaar;
Ich hatte einen Ständer
Und du warst schon ganz gar.

Wir schnatterten im Fieber
Wie Gänserich und Gans:
Du liebtest mein Kaliber
Und ich dein Stimulans.

Mit einem Wort: Wir wähnten
Uns schon im Brautgemach,
Doch als wir uns so dehnten,
Gab das Geländer nach.

An den Mandrill

Gelegentlich, Mandrill, dem Lotterbett entsagen!
Muß das Gerangel sonst nicht langweilen, ja plagen?
Und sieh den Trunkenbold! Vermag der, zu genießen?
Des Weines Blume nicht. Allein des Weines Fließen.

Im Cabaret

Naiaden zeigen liebestolle Tänze,
Den faunischen Gelüsten gern zu Willen,
Und winden manchem Priapos die Kränze.

Bald läutet (sanft verschwimmen die Pupillen)
Ein liebes Wort, nicht angetan zu kränken
In einer Zeit abhold allen Idyllen.

Und nahen die beflissenen Mundschenken,
Wer wollte nach Philister- und Asketen-
Art geizen und der Ehefrau gedenken!

Was jene, die gestrenge, sich verbeten,
Hier zählt es zu den üblichen Genüssen,
Zu denen uns verlockt ein sanftes Kneten.

Wie wohl es tut, zu trinken und zu küssen
Und zügellosem Unsinn fromm zu lauschen,
Befreit von jedem Wollen, jedem Müssen!

Wie weise, wie gerecht, sich zu berauschen
Und einmal, vom Alltäglichen entbunden,
Nur Scherze und Liebkosungen zu tauschen.

Die Küsse wollen immer besser munden,
Champagner darf verwegen überschäumen,
Derweil im Nu vorbeihüpfen die Stunden.

Nun allerdings beginnt man, aufzuzäumen.
Die Rechnung – siehe an – wie sie begleichen?
Allein, da hilft kein Flehn noch Sichaufbäumen.

Auch die Vestalin läßt sich nicht erweichen:
Mit einem Fremdling zieht sie ungerührt von dannen,
Der aussieht, als gehör' er zu den Scheichen.

Die selten sich zu einem Ritt ermannen.

Nymphchen erzählt

Ein Satyr fing mich, zwang mich auf den Rücken,
Bedeckte mich mit seinem wilden Leibe . . .
Ich ahnte nicht, was er da mit mir treibe,
Und fürchtete, er werde mich erdrücken.

Bald mußte ich mich umwenden und bücken
Und dulden, daß er mir was einverleibe
(Ich weiß nicht was) und dieses Etwas reibe –
Ich fühlte Widerwillen und Entzücken.

Warum begann er mittendrin zu ächzen
Und machte mich mit einem Mal so flüssig?
War er vielleicht der Arbeit überdrüssig?

O nein. Gleich hob er wieder an, zu lechzen
Und alle fünf Vokale vorzukrächzen – –
Ob mir's gefiel? Ich bin mir noch nicht schlüssig.

Steigerung durch Verweigerung

Martial IV, 38

Galla, sage auch mal „nein“ mir:
Ohne Qual erschlafft der Drang;
Aber, Galla, bei dem „Nein“ hier
Bleib mir ja nicht allzu lang.

Ein artiges Kompliment

Geliebte Beatrix! Nun hast du mich erhört!
O vielen, vielen Dank – ich war schon so verstört.
Nun endlich weiß ich doch, und weiß es ganz genau:
Du bist nicht reizender als meine Ehefrau.

Mißverständnis

Am Ende hat Konstanze nachgegeben
Und zeigt sich ihm geliebreizt, biegsam, nackt.
Da fängt der dumme Junge an zu beben:
Er liebt sie; doch er liebt sie nur abstrakt.

Bettlägerig

Heinz bekommen die Pfeile des dummdreisten Cupido gar nicht:
Kaum ist er einmal verliebt, muß er mit Fieber ins Bett.

Narzisserl

Eros verachtend und alle, die frisch dem Eros sich fügen,
Weder den Nymphen hold, noch den Epheben geneigt –
Bürschchen! Bezwang den Narziß die alles bezwingende Liebe?
Sehnsucht packt euch ja nur, wenn ihr den Spiegel begafft.

Frigusculum

Vermeinst du, weil Natur dich ausgestattet
Mit jenen Reizen, die am Schwanze kitzeln,
Genüge es, im Bett herumzuwitzeln,
Von ungestillter Lüsternheit beschattet?

Es hat dein Egoismus dich ermattet:
Gefühle kannst du nur noch mühsam kritzeln,
Dein Anbeter muß immer dich bespitzeln,
Ob dieses oder jenes ihm gestattet.

So lieb dich meinetwegen vor dem Spiegel,
Der ohnehin dein häufigster Genosse,
Und halte deine Küsse hinter Riegel.

Mir allerdings vergönne diese Glosse:
Dein Kätzchen ist verwandt mit einem Igel,
Die Hand, mit der du streichelst, einer Flosse.

Vorstellung

Du wünschst dir als Zuhause
Wohl so 'ne Art Konzern
Mit Sausen in der Brause
Und 'nem Mercedes-Stern.

Ich schweb' dir als Direktor
Mit etwas Herzinfarkt,
Halb Glatze und viel Speck vor,
Die Gelder smart geparkt.

Du trippeltest Reklame
So dämlich wie betört
Und wärst die Vorführdame,
Der alles bald gehört.

Adieu

So lebe wohl. Ich wünsche dir von Herzen
Den guten braven Gatten comme il faut;
Mit dem kannst du im Grand Hotel bei Kerzen-
Schein speisen oder auch im Bungalow.

Schöner Wohnen

Im Eigenheim erlahmt das zahme Leben.
Die Möbel standen einst im Katalog.
Das Ehepaar, es steht entrückt daneben
Und ahnt der Sehnsucht unheimlichen Sog.

Störung

Als wir in zarter Qual uns liebevoll gekringelt,
Hat, quälend in der Tat, das Telephon geklingelt.
Zuerst ist es Frau Schulz: Sie wünscht uns guten Morgen.
Sodann will sich Karl-Heinz schon wieder hundert borgen.
Nun endlich schweigt das Ding. Wir klimmen also weiter,
Wenn auch beklommener, auf der Ekstasen-Leiter,
Die Klimax-Kurve rast zum Scheitelpunkt empor –
– – – – Dringdring! Dringdring! bedrängt es da das Ohr.

Diogenes

Diogenes rief aus: Ach schwiege nur mein Bauch,
Der stets vor Hunger knurrt, durch bloßes Reiben auch!

An Suleika

Die Brunst-Organe sind, Suleika, dir zuwider,
Die Feigen dir zu feig, zu reckenhaft die Glieder;
Indes, ein Kunst-Organ, ein sanfter Freudenbringer,
Geht ein und aus bei dir, das ist dein Mittelfinger.

Stilles Handwerk

Ermattet von geheimen Pollutionen
Läßt sinken seinen linken Arm der Schüler
Und schwört, in Zukunft besser sich zu schonen.
Doch kaum, daß seines Gliedes Glut ward kühler,
Erscheinen ihm von neuem Amazonen:
Wie heischend schwillt ihm da der wunde Fühler!
Die lang bewährte Hand beginnt zu zucken
Und auf und ab – – – mehr wollen wir nicht drucken.

Phasenverschiebung

Als ich verrückt nach dir gewesen,
Sahst *du* die Dinge mit Vernunft.
Seitdem ich nun von dir genesen,
Begirrst du mich in irrer Brunft.
Der Liebeskrankheit Infektion
Verläuft höchst selten mal synchron.

Mathematische Venus

Ein Mann der allzu plötzlichen Ergüsse,
Dem darob manche Dulcinea gram,
Beschließt, daß man dem Mißstand wehren müsse,
Der vor der Scham ihm oft verursacht Scham.

Nicht länger will inmitten der Genüsse
Er Schiffbruch mehr erleiden lendenlahm,
Nicht länger will hinfort mehr seine Schlüsse
Er ziehen, so Madame nicht dazu kam.

Da weiht er sich der Kunst der Logarythmen,
Zieht Wurzeln auch mit fieberndem Geschick,
Wenn im Begriff, der Liebe sich zu widmen.

Nun bleibt der Gute liebesfähig-dick,
Imstande auch zu obstinaten Rhythmen,
Und Venus freut sich der Mathematik.

Auf die Drohnen

Die Drohnen weist man bald, zur Strafe, aus dem Stock:
Das Völkchen plagt sich ab, sie sind im Morgenrock.

Diskrete Weisheit

Blieb' doch ein jeder still zuhause
Allein vor seinem Bildgerät
Wie du, dem alles Lustgebrause
In Wirklichkeit zu wild gerät.

Nicht ungern nimmst du mit dem Pudel
Vorlieb, der dir zu Füßen kreucht.
Daß ja kein Küßchen dich besudle:
Ein fremdes *Mensch* ist meist verseucht.

Der Kuß: ein Mischen von Bazillen,
Ein mörderischer Zungenschlag,
Ein hungrig Wetzen der Papillen –
Auch haben Fremde Zahnbelag.

Da lobst du dir die Film-Kassette!
Kaum wurstelst du sie in den Schlitz,
Erscheint erotisch die Soubrette:
Ihr Abbild nimmst du in Besitz.

Auch ist sie, wie der Pudel, friedlich
Und tut dir auf ein Zeichen schön.
Du spulst zurück: sie suhlt sich niedlich
Und liefert pünktlich ihr Gestöhn . . .

. . . Blieb' doch ein jeder still zuhause
Allein vor seinem Bildgerät
Wie du, dem alles Lustgebrause
In Wirklichkeit zu wild gerät.

Die Donner-Kröte

Die Donner-Kröte wartet still
Ob Jupiter nicht donnern will;
Erst wenn er dies zu tun geruht,
Atmet sie auf: Nun ist es gut.

Das Gehalt

Das Eichhörnchen im Ulmenwald
Verlangt ein jährliches Gehalt:
Aufgrund gestiegner Kosten
Und höherer Imposten.
Dabei wohnt es sehr nobel
Und exklusiv im Kobel.
Doch bitte. Zu Beginn des Jahrs
Leg' ich zwölf Nüsse hin: Das war's.

Auf die Katzen

Die Katzen sind in Liebesdingen toll:
Sie frönen, statt der Arbeit, ihren Süchten.
Doch kennen sie den Augenblick zu flüchten,
Vermeidend sehr viel Gram und Groll;
So springen sie, nach inbrünstigem Mauen,
Von hinnen, um sich anders zu erbauen.

Der Heuschreck und der Dichter

Der Heuschreck zirpt die ganze Nacht lang
Und wähnt, die Sympathie der Grille zu gewinnen,
Doch grillig lauscht sie nicht dem Schmachtgesang:
Vergeblich war sein mühsam Minnen.
Dem Dichter, dessen Reimerei so sacht klang,
Vorzog die Maid des Nebenbuhlers Linnen,
Und gramer Miene steigt, wie vordem der Zikaden,
Er einsam in die Kammer schmachbeladen.

Traumbesucher

Es machen Unbekannte sich in meinen Träumen breit –
Sie quälen mich, erquicken mich, verwildern meine Zeit;
Verschwören sich, betören mich, erhören meine Zahl,
Beseelen mich, empfehlen sich, erweckt von meiner Wahl.
Ob ich mich auch herumtreibe in einem fremden Traum?
Und triffts du mich in *deinem* an: hältst du mich dann
im Zaum?

Der Einwand und die Wand

Ein Einwand zürnte einer Wand,
Die ordentlich im Wege stand;
Da rief die Wand sich noch drei Wände,
Auf daß der Einwand Ruhe fände.
Der Einwand wohnt nun ganz gemütlich
Und tut sich am Bewenden gütlich.

Alles ist hin

Aspasia, gewohnt zu wiegen,
Verweigert nun ihr Frauenzimmer.
Die Königin im Sichanschmiegen,
Glykera, hält das Lustgewimmer.

Phryne versagt mir die Umarmung,
Der niemals sie ward überdrüssig.
Lais stürzt mich rittlings in Verarmung,
Thais macht das Schönste überflüssig.

Cupido, dick und ungezogen,
Zieht mich empor aus kargem Schlafe.
Er hat den Bogen ach! verbogen,
Sich selber und der Welt zur Strafe.

Einem Griesgram

Die Menschen, Tiere, Pflanzen, Steine –
Du hast dir das nicht ausgewählt.
Am liebsten wärst du ganz alleine,
Mit dir höchstselber neuvermählt.

Etwas fehlt

Hast Uhren von *Cartier*, von *Hermes* die Krawatten,
Den Wagen von *Rolls-Royce*, von *Karajan* die Platten,
Das Feuer von *Du Pont*, von *Dunhill* Zigaretten,
Die Bildung von *Playboy* und ähnlichen Gazetten,
Von *Harvard* das Diplom, Farbe von *St. Tropez*
Oder von *St. Moritz*, sofern da oben Schnee –
Vornehme *Accessoires*! Nur eines hast du nicht,
Da leider *not for sale:* ein vornehmes Gesicht.

Als Grobianus sich einen Vollbart wachsen ließ

Ich gratuliere dir: Aus deinem Antlitz strahlt
Die Weisheit, seit ein Bart die Züge übermalt,
Gemeinheit fühlt sich wohl, so elegant befrackt,
Und auch die Dummheit dankt: Sie schämte sich so nackt.

An einen gelahrten Stoffel

Vermeine nicht, daß du, gelesen habend Hegel,
Dich räkeln dürfest nun, und dennoch seist kein Flegel.
Auch weiß ich, Freund, nicht viel; doch habe ich gelernt,
Daß, wer laut rülpsen will, vom Tische sich entfernt.
Was helfen überhaupt, verzeihe mir, mein Bester,
Gelehrsamkeit und Schweiß und all deine Semester,
Wenn du nicht einmal ahnst, wie sich ein Herr benimmt,
Und man, sobald du nahst, in Unbehagen schwimmt?

Der Bock

Catull 69

Nicht staune, Rufus, daß du keine kannst verleiten,
Die zarten Schenkel dir kokett zu unterbreiten,
Ob du mit Haute Couture versuchst, was zu erreichen,
Ob nun mit Edelstein: frau läßt sich nicht erweichen.
Dir schadet ein Gerücht, du riechender Banause:
Daß dir im Achseltal ein Bock, ein grimmer, hause.
Den fürchten alle sehr – kein Wunder; jeder Dame
Gereicht ein solches Viech im Lotterbett zum Grame.
Drum: Bring entweder um die fiese Nasenpest,
Oder dann staune nicht, wenn dich kein Mädchen läßt.

Mutmaßungen über Herrn Venter und seine Frau

Herr Venter ist so dick wie seine Frau fragil –
Wird ihr beim Lampenwerk die Wampe nicht zuviel?
Wie kommt sie wohl zurecht mit seinem Pumpelbauch? – –
Bei Tische spießt er auf; im Bett wahrscheinlich auch.

Von ebendenselben

Herr Venter, der bei Tisch so gern im Fette schwimmt,
Ist einer, der im Bett mit Knochen vorliebnimmt.

An den Scriba

Die Finger zittern dir, Scriba, vom vielen Schreiben:
Wie andre das Gemächt, mußt du die Feder reiben;
Bei jenen immerhin sich Samen doch ergießt,
Bei dir, Scriba – zum Glück! –, nur immer Tinte fließt.

Von einer neuen erotischen Institution

Gelüstet, armer Kerl, dich nach dem großen Geld?
Nimm eine Drehscheibe, die ist bald aufgestellt;
Heiße ein Mädchen nun, zwar mit entblößtem Leibe,
Doch ohne Schamgefühl, sich winden auf der Scheibe,
Die du sogleich umgibst rundum mit einer Wand,
In welche wiederum mit wohlgeübter Hand
Ein Loch zu bohren sei: Denn kann er schon nicht zeugen,
So will ein braver Mann zumindestens doch äugen.
Allein, er freut sich früh: Kaum daß er sich gefreut,
Bereits ein Vorhang fällt, der „Geld her!“ ihm gebeut.

An einen Besserwisser

Mein Bester, dein Beruf: das Besserwissen
Und Bessersein und Bessertun und -lassen.
Wir anderen sind schlecht. Du bist gerissen
Und trocken, wenn wir schlechterdings im Nassen.

Auch besserst du die Leute sehr beflissen,
Die alle neben dir im Nu verblassen,
Und redest ihnen ernsthaft ins Gewissen,
Sich besser in dein Leben einzupassen.

Zum Besten bist du durch und durch entschlossen,
Und bräuchtest du dazu ein Küchenmesser,
Du bessertest uns dennoch unverdrossen.

Nun, daran kranken viele Zeitgenossen:
Sie sind vor lauter Güte Menschenfresser,
Und falls sie sich verzehren, um so besser.

Schon wieder Ethik

Ein jeder will heut Ethik schreiben –
Ach lasst doch die Kosmetik bleiben!
Das Gute ist ja längst bekannt;
Nur wird es selten *angewandt*.

Der Unterschied

Was versteift sich Hans auf Damen?
Und was dränget Max zur Hur?
Hans gefallen eben Dramen,
Max indes Komödien nur.

Amor fugitivus

All die zierlich weisen Worte
Die wir in den Abend hauchen –
Herr Gemahl übt Pianoforte,
Während wir ins Dunkel tauchen.

Flüstern, leichtsinnige Winke
Und ein Anflug auch von Bangen,
Daß der Orion versinke,
Noch bevor wir uns umfangen.

Sieh, bald ist es uns gelungen:
Liegen wieder beieinander,
Unbelehrbar hehr umschlungen
Wie einst Hero und Leander.

Ach Leander ging im Sturme,
Der die Leuchte ausblies, unter,
Hero stürzte sich vom Turme,
Doch wir beide sind ja munter.

Laß uns im geheimen Moose
Noch einmal dem Schönen frönen,
Mit dem Tau der letzten ROSE
Unsern EROS ganz versöhnen.

Romanze

Gemach beginnt der Nachtwind zu erklingen
In Sternen, wie kein Astronaut sie kennt,
Und listig regt ein Eros seine Schwingen –
Er lockt uns hin, wo neue Sehnsucht brennt.

Fin de siècle

Im Park hindämmert bunt ein warmes Leben,
Bis abendlich die Farben und Gestalten
Verlöschen und die Wangen der Epheben,
Noch leuchtend vom gelösten Spiel, erkalten.

Die Stimmen, all die trillernden, verhallen;
Nur manchmal läutet zögernd und gelinde
Ein helles Lied, ein wohlklingendes Lallen,
Herüber und zerflattert schon im Winde.

Er bereut

Um jeden Liebesschuß, der mir ward eingeräumt,
Den ich aus blöder Scham und Schüchternheit versäumt,
Ja um den kleinsten Kuß, den ich verpaßt aus Scheue,
Tut es mir Altem leid; tatsächlich – ich bereue.

Plötzlich Herbst

Der Herbst kam höflich und diskret –
Er war uns gar nicht aufgefallen.
Doch nun, da barsch der Euros weht,
Verstummen unsre Nachtigallen.

Liebe im Herbst

Der Herbstwind, das gefallne Laub verwaltend.
In Lauben werden lange Küsse knapp.
Ein Liebespaar, verbissen Händchen haltend:
Als führten sie sich gegenseitig ab.

Der einst begehrte Kuß

Der einst so begehrte Kuß, er läßt dich kalt
Und ist, wie alles Abgeschmackte, peinlich.
Das Dein und Mein, du trennst es nun sehr reinlich,
Und streichelst du, dann nur mit Vorbehalt.

Man könnte glauben, du wirst langsam alt:
Ganz wie die Alten bist du matt und kleinlich.
Geht Liebe wirklich so vorbei? Wahrscheinlich
Ist eben Liebe nur ein Aufenthalt.

Zu guter Letzt, kurz vor dem Abschiedwinken,
Steht man auf irgendeinem Bahnhof rum
Mit einem fremden Individuum.

Man tut gerührt und möchte gern was trinken.
Man hätte viel zu sagen. Man bleibt stumm
Und denkt an eine Türe ohne Klinken.

Elegie

Wir beide waren auch einmal verwegen
Und taumelten begeistert in der Schar,
Wir, denen keine Grotte zu entlegen
Und kein Gelage zu grotesk je war:
Wir hatten damals noch der Venus Segen
Und trugen Bacchus' Efeukranz im Haar.
Nun haben wir allein die Gicht zur Buhle,
Und schaukeln wir, dann nur im Schaukelstuhle.

Die Panazee

Stets bitten wir uns aus, ja möglichst alt zu werden,
Doch wird der Wunsch erhört, verwünscht man die
Beschwerden:
Das Zipperlein am Knie, im Auge dieses Flirrn,
Die schlaffe Halspartie, die Runzeln auf der Stirn,
Im Nasenloch sprießt Haar, im Ohr dröhnt Tinnitum,
Der Enkel (grade zwölf) befindet dich für dumm,
Der Busen driftet ab, der Zähne schon die dritten,
Der Teint so herbstlich fahl wie angefaulte Quittten,
Der Menopause Glut, der Prostate Tortur,
Die, wo's in Fluten floss, ein Tröpfeln duldet nur,
Des Blutes hoher Druck, Arteriosklerose,
Das Rumpeln im Gedärm, das Schrumpeln in der Hose,
Senile Bettflucht, Gram, Gicht, humpelndes Gedächtnis,
Der Erben Lieblichkeit im Hinblick aufs Vermächtnis:

Da hilft kein Ginseng mehr, kein Spurenelement,
Weder ein Vitamin, noch Frischzelln, noch Ferment,
Umsonst das Elexier, umsonst die Knoblauch-Kur,
Vergebens Saft, Klistier, Golf, Bridge und Klettertour,
Kein Yoga frommt, kein Zen, kein weises
Sich-Versenken,
Kein Training autogen, kein positives Denken ...

Was hilft denn aber sons?!? – – Da du mich
so bedrängst:
Ein Fohlen hilft Monsieur; Madame: ein junger Hengst.

Lebensabend

Am Fenster plärrt ein Lausbub: Alte Metze!
Da räkelt sich die welkende Hetäre,
Begutachtet im stillen ihre Schätze
Und hofft, daß ihr Gesäß noch etwas währe.

Schon pochen die ergrauten Kavaliere,
Mit denen sie geteilt der Jugend Huld.
Nun knarren ihre Glieder im Scharniere.
Sie duldet das: Sie handelt mit Geduld.

Altersweisheit

Was schenkt die Lebenskunst? Das große Los? – Daneben
Geschossen, junger Freund: Das kleine – noch zu leben.

Aufrichtiges Beileid

Hans-Paul will lieber tief in Not
Als ohne Schulden scheiden:
Die Nachwelt soll an seinem Tod
Bestimmt „aufrichtig“ leiden.

Midlife crisis

Nun schlägt dein Herz gegen die Uhr,
Bebrillter Neben-Mensch, du stiller,
Nun trällerst du vitale Triller –
Schon naht die große Schlankheitskur.

Beim Betrachten eines alten Photos

Das bin doch nicht ich selbst
Vor vielen, vielen Jahren:
Das ist ein andres Selbst
Mit vielen, vielen Haaren.

Über vierzig

„Für Sie gibt's leider kein Comeback –
Am besten rationalisieren Sie sich weg;
So helfen Sie dem Staat, der Kasse der Pensionen,
Juristischen und fleischlichen Personen."

Zur Beruhigung

Zorniger Alter, was soll's? Du zappelst dem Tod an der Angel:
Während du fuchtelst und schimpfst, zieht er dich plötzlich empor.

Zweifel im Winter

Mädchen, hör mir auf zu schummeln
Und so dick dich einzumummeln,
Daß da keiner kann erkennen,
Ob er dich darf „Mädchen“ nennen.

Elpis

Allmählich geben Fauna, Flora Ruhe
Und dulden, daß man klügelnd sie verdirbt.
Der Hoffnung dämmert in der Tiefkühltruhe,
Wie angenehm man heut an Hoffnung stirbt.

Die Tage, die kodierten, rücken weiter,
Zu leben ist erhebend ungesund.
Der Untergang vollzieht sich nun klammheiter,
Und mancher rutscht vom Stuhl mit vollem Mund.

Sottisen über das Wetter

Sottisen über das Wetter
Sind mir die übelsten nicht.
Hochnebel, gelegentliche
Aufhellungen,

Ein wenig Schnupfen, ein wenig
Heiserkeit, und bei Föhn natürlich
Migräne: das alles ist
Harmlos, darauf kann man sich
Einrichten,
Indem man ja nicht vergißt,
Schal und Schirm zu vergessen.

Anders die Sintflut: Die steigt und steigt
Und schwemmt uns weg; und wer da nicht
Wasserski fährt, darf mit den Nereiden
Dann auf dem Grund die Städte bestaunen.

Ausklang

Im Murmeln der gewichtigen Diskurse
Wagst du dein Lied – nanu?
Längst hat es doch den Sängern
Die Laute verschlagen; unbesungen
Verharren die leicht lebenden Götter
Im Niemandsland der Autobahnen.

Inhaltsverzeichnis